LETTRE

DU CLUB DES CAPUCINS

AUX REPRESENTANS

DE LA COMMUNE,

CONTRE LE DISTRICT DES CORDELIERS,

Suivie d'un Arrêté de ce District, rédigé par M. DE CHENIER.

1790.

EXTRAIT

D U

REGISTRE

DES DÉLIBÉRATIONS DU DISTRICT

DES CORDELIERS.

Du 11 Mai 1790.

---

*L'Assemblée générale duement convoquée,
lecture a été faite de la Lettre suivante.*

Paris, 30 Avril 1790.

Vous avez été instruit sans doute, Messieurs, qu'un nombre considérable de Députés à l'Assemblée Nationale ayant desiré de se réunir, leur première Assemblée eut lieu le 12 de ce mois dans le chœur des Capucins. Dès le lendemain ces Religieux furent invités à nous faire des difficultés. Le surlendemain des pierres furent lancées par une des fenêtres dans le chœur où nous étions rassemblés. Deux jours après ayant voulu nous rassembler dans l'Eglise toutes les portes ouvertes , ainsi que l'avoient été celles du chœur, dans les précédentes séances, celle-ci n'a pas pu même se former. Nous avons été interrompus, menacés, et aucun de nous n'a eu la facilité de se faire entendre.

On ne peut être découragé lorsque les intentions sont pures, et qu'on a la conscience de l'utilité des résultats. Nous avons loué, selon les formes ordinaires, un appartement à l'hôtel de l'Université, dans la rue du même nom. Aussi-tôt le maître de l'hôtel a été menacé ; le District des Cordeliers a engagé le District des Petits-Augustins à s'opposer à notre réunion. Ce dernier n'a pas cru devoir en délibérer ; mais un Capitaine du District des Cordeliers n'en est pas moins venu annoncer et faire craindre au principal locataire que sa maison étoit en danger d'être brûlée, et que les Citoyens du fauxbourg Saint-Antoine viendraient nous troubler. Telle est, Messieurs, la déposition de ce principal locataire ; telle est la situation où nous nous trouvons, et nous laissons avec confiance à vos réflexions les précautions que vous croirez devoir prendre pour qu'il ne nous soit pas refusé ce que nous avons le droit d'exiger ; la liberté et la sûreté d'une réunion autorisée par les Loix et les Décrets de l'Assemblée Nationale , et que le titre de Député devroit rendre encore plus respectable. Votre réponse déterminera le parti que nous aurons à prendre.

Nous avons l'honneur d'être ,

M E S S I E U R S ,

Vos très-humbles et très-obéissant serviteurs, les Commissaires de la Société , autorisés par elle à signer la présente lettre.

> Signé , le Bailly de FLANCHLANDEN.
> MÉNOUVILLE.
> Le Marquis de SAUSSANY.
> MENOUVILLE.
> Le Marqnis de DIGOINE.
> CHAILLOUÉ.
> BOUVILLE.
> DE GUILLERMY.
> VILLEBANOIS.

Pour copie conforme à l'original , ce premier Mai 1790.

> QUATREMERE fils , Secrétaire.

LECTURE FAITE,

Un Membre de l'Assemblée a dit :

Des Membres de l'Assemblée nationale ont écrit aux mandataires provisoires de l'Hôtel - de - Ville , une lettre tendante à faire croire que les Députés ne sont pas en sûreté dans la Capitale. Cette Lettre inculpe particuliérement le District des Cordeliers. Le respect qu'on doit à l'auguste Assemblée nationale pourrait donner un grand poids à de telles inculpations. Qu'on se rassure. Ce sont les Députés ci-devant assemblés aux Capucins , ceux qui ont osé protester contre les Décrets des Représentans de la Nation ; ce sont ceux-là qui accusent le District des Cordeliers. Un tel éloge manquait à son patriotisme.

La prétendue députation du District des Cordeliers à celui des petits Augustins , pour empêcher les membres de l'Assemblée nationale , ci-devant réunis dans l'Eglise des Capucins , de se réunir dans l'Hôtel de l'Université , est un fait controuvé. Le district n'a envoyé aucun Capitaine pour menacer le principal loçataire de l'Hôtel de l'Université , et n'a aucune connaissance d'un pareil fait, également controuvé et destitué de tout fondement. Si quelqu'un a pu hasarder sa déposition sur de pareils faits, il a eu le très-grand tort de se permettre une fausse déposition. Le District des Cordeliers sait fort bien que tous les Citoyens ont le droit de former des Assemblées particulieres; à plus forte raison des Représentans de la Nation , sur-tout *lorsque leurs intentions sont pures , et qu'ils ont la conscience de l'utilité des résultats.*

Or ces Messieurs ont certainement les intentions et la conscience dont il s'agit. D'abord ils le disent eux-mêmes. On con-

A 3

naît leur naïveté et leur franchise. En se-
cond lieu leur conduite prouve évidemment
ce qu'ils affirment. En effet, quoi de plus
pur que d'exciter un tumulte affreux dans
le sanctuaire de la constitution, afin de dés-
honorer , s'il est possible , l'Assemblée
nationale qui aurait depuis long - temps
perdu toute considération, si, comme eux,
elle avoit perdu toute pudeur ! Quoi de plus
pur que de faire des protestations publiques
contre les Décrets de cette auguste Assemblée ! Que d'envoyer avec profusion dans
toutes les Provinces, ces monumens de dé-
lire , afin d'armer une partie de la France
contre la constitution ! Quoi de plus pur que
de crier et de faire crier d'un bout de l'Empire à l'autre , ces mots de ralliment pour le
fanatisme : La Religion est perdue. Ainsi
par des motifs religieux , ils se flattent de
parvenir à la guerre civile , seule espé-
rance qui puisse rester aux ennemis de la
chose publique. L'auteur de la Religion

Chrétienne prêche la pauvreté : on diminue la richesse insultante de ses Ministres, et LA RELIGION EST PERDUE ! Il prêche l'humilité ; l'Assemblée nationale a détruit la tyrannie féodale ; les titres, les cordons, toutes les distinctions absurdes nées de cette source impure ne sont plus que des sobriquets et des mascarades ; et LA RELIGION EST PERDUE ! Il prêche l'égalité ; on établit l'égalité en France, et LA RELIGION EST PERDUE ! Et ces cris sont répétés sans cesse par une foule d'hommes qui faisaient autrefois les esprits forts, et croyaient à peine en Dieu ; mais qui, depuis la révolution, sont devenus de très-grands saints, tant l'orgueil et l'intérêt font des conversions miraculeuses !

D'après cet exposé, il est évident que les Députés ci-devant assemblés aux Capucins, n'ont que des *intentions pures*. Voici maintenant quels pourraient être les résultats de leurs protestations, si le mépris général ne s'était pas trop bien manifesté. En supposant qu'ils parvinssent à réveiller le fanatisme et à souffler la discorde dans notre Empire, cette alternative se présente. Ou leur cause triompherait, et ils nous replongeroient dans l'esclavage ; ou bien, ce qui est infiniment plus probable, disons mieux, ce qui est seul probable, ils seraient écrasés par les dix-neuf vingtièmes de la Nation, et tous les malheurs de la guerre civile retomberaient sur la tête de ceux qui l'auraient allumée ; *résultat* véritablement funeste : car, autant qu'il est possible, il faut épargner même le sang des méchans, et du moins ce n'est qu'à la loi qu'il appartient de le faire couler.

Mais il faut que les dispensateurs de la loi soient dignes de leurs augustes fonctions : et ceci nous ramene naturellement à rappeler la perversité de ceux qui ont osé dénoncer aux juges du Châtelet, les Députés dont le patriotisme est le plus illustre. Des

Magistrats institués par la liberté voulaient la détruire et relever la tyrannie. Bientôt, si la voix impérieuse du Peuple ne s'était point élevée contr'eux, ils auroient instruit le procès de tous ceux qui ont préparé ou servi la révolution par leurs lumières et leur courage, des Citoyens généreux qui ont pris la Bastille, des soixantes sections de Paris, de la Bretagne, du Dauphiné, de la Provence, de toutes les Milices nationales, de toutes les Municipalités, des quatre-vingt-trois Départemens, et enfin de vingt-cinq millions d'hommes qui ont l'audace de vouloir être libres. Ces juges intègres assurent aussi qu'ils ont *des intentions pures ;* et le Public est bien convaincu qu'ils tendaient à-peu-près *aux mêmes résultats* que les Députés *Capucins.*

Si le District des Cordeliers s'est distingué depuis les premiers jours de la révolution, jusqu'à ce moment, par une vigilance infatigable, et par un zèle qui ne s'est jamais ralenti, s'il a rendu de grands services à la chose publique ; le plus important, sans doute, est cette dénonciation d'un Tribunal devenu anti-national, où l'on se hâtait de laver les ennemis du Peuple pour traduire en jugement ses plus courageux défenseurs. Le District des Cordeliers ne pouvoit signaler d'une manière plus éclatante, son attachement à l'admirable constitution qui s'établit en France, et son respect sans bornes pour l'Assemblée nationale. Tous les Citoyens du District sont trop pénétrés des principes pour ne pas reconnaître et maintenir de tout leur pouvoir l'inviolabilité de chaque Député quel qu'il soit. Ils savent qu'il faut distinguer l'individu, qui peut être méprisable, du Député qui est censé représenter la Nation, et dont le caractère mérite une considération spéciale. Ainsi non-seulement ils désavouent les faits qui les concernent dans la lettre des Députés ci-

devant assemblés aux Capucins ; mais ils
déclarent que l'inviolabilité de ces Députés
en quelque lieu qu'ils s'assemblent , fût-ce
même dans le territoire du District, sera soi-
gneusement défendue par tous ceux qui le
composent. On doit bien penser qu'il n'est
pas question d'étouffer l'opinion publique,
et d'interdire aux Citoyens ces marques
éclatantes d'improbation vulgairement nom-
mées siflets , huées. En effet ces petits dé
sagrémens peuvent bien faire souffrir l'a-
mour propre , mais ce n'est point l'amour
propre des Députés qu'il faut défendre , c'est
leur sûreté. S'il existait par hasard des
hommes , qui siégeant au milieu des Représentans de la Nation , s'éleveraient en
public et en particulier contre les intérêts
de la Nation , des Ministres d'un Dieu de
paix qui ne chercheraient qu'à faire naître
la guerre civile , et qui couvriraient du
manteau de la Religion leur vanité , leur
avarice et leurs desirs de vengeance ; on est

obligé de convenir que les Citoyens auraient
bien le droit de leur témoigner d'une manière non équivoque, le mépris universel,
et que ce châtiment serait très-léger pour
une conduite aussi coupable.

Les réflexions susdites ouies et applau-
dies, l'Assemblée y trouvant l'expression
de ses sentimens et de la vérité sur la plainte
de MM. du Club , rue de l'Université ;

A ARRÊTÉ:

Quelle n'a pas d'autre réponse à faire,
et que le tout sera imprimé , envoyé à
l'Assemblée nationale , à l'Hôtel - de - Ville
et aux 59 Districts.

Signé , DANTON, Président.
      PARÉ, vice-Président.
      FABRE D'ÉGLANTINE ,
      LA FORGUE,   Secrétaires.
      PIERRE J. DUPLAIN,